rororo sprachen
Herausgegeben von
Ludwig Moos

Zum Sprachenlernen gibt es mehr als Lehrbücher. Intelligente Comics zum Beispiel. Wer als Comic-Autor dem Alltag auf der Spur bleiben will, muß die Flut der Worte und Erscheinungen mit Witz auf den Punkt bringen. Niemand gelingt das besser als Claire Bretécher, der scharfsinnigen Porträtistin des tonangebenden neuen Mittelstandes. «Plus de Français avec les Frustrés» verbindet, wie der Vorgängerband «Le Français avec les Frustrés» (rororo 8423), Originalversionen ihrer gezeichneten Kurzgeschichten mit Hilfen zu deren sprachlichem Verständnis. Amüsanter kann man dem lebendigen Französisch kaum auf den Fersen bleiben.

COMIC

Claire Bretécher
Isabelle Jue / Nicole Zimmermann

Plus de Français avec les Frustrés

Ein Comic-Sprachhelfer

rororo
Rowohlt

Originalausgabe
Veröffentlicht im Rowohlt Taschenbuch Verlag GmbH,
Reinbek bei Hamburg, Juli 1989

Umschlagtypographie Peter Wippermann
(Umschlagbild Gerd Huss/Claire Bretécher)
Satz Times (Linotron 202)
Gesamtherstellung Clausen & Bosse, Leck
Printed in Germany
880-ISBN 3 499 18539 3

INHALT

PRÉFACE

Mit ihrer Serie «Les Frustrés», die regelmäßig im linken Pariser Wochenblatt «Le Nouvel Observateur» erschien, ist Claire Bretécher zur Star-Karikaturistin geworden. Ihre Comics sind eine respektlose, treffende Bestandsaufnahme der Denkgewohnheiten und Lebensweisen einer ehemals rebellischen Generation.

Der «Spiegel» schrieb über die «Frustrierten»: «Die komischen Typen, die dieser Zeichnerin den Ruf eingetragen haben, des heutigen ‹Frankreichs bester Soziologe› zu sein, sind keine Schönheiten: Die blasse, blonde Madame Bretécher stattet sie vorwiegend mit strähnigen Haaren, schlabbrigen Pullis und Klumpschuhen aus. Oft hocken sie auf dem Fußboden oder lümmeln ungraziös auf Sofas – ‹aber immer›, bemerkte der rechte ‹Figaro›, ‹auf Sofas von Knoll›. Die Frauenzeitschrift ‹Elle› definierte diese Schicht als ‹die neue bürgerliche Klasse, in der man das Gewissen links trägt, die Frauen Feministinnen sind und die Männer ebenfalls, es sei denn, man bezweifelte ihre Virilität›. Konservative können sich an Claire Bretéchers ‹Progressiven›-Verspottung erbauen, insbesondere Feminismus-Geschädigte finden bei ihren ‹Frustrierten› Trost.»

Die neue bürgerliche Klasse ist vor allem in Paris zu Hause, doch hat sie in ganz Frankreich ihre Nachahmer. Ihre Art, zu denken und zu sprechen, findet sich in weiten Kreisen der französischen Gesellschaft wieder. Claire Bretécher hat sehr genau hingesehen und hingehört, welche Windungen und Wendungen die Diskrepanz zwischen Anspruch und Alltag hervorbringt. Ihr bissiger Witz macht das Lesen ihrer Comics zum Vergnügen, ihre Geschichten vermitteln eine Sprache, wie man sie im Lehrbuch nicht antrifft, sondern nur, wenn man unter Franzosen lebt.

«Plus de Français avec les Frustrés» macht sich, nach dem Vorgängerband «Le Français avec les Frustrés» (rororo 8423), mit weiteren Geschichten den Schatz des französischen Originals an lebendiger, gesprochener Sprache zunutze. Die Comics erleichtern mit ihrer Darstellung der Situation und der Verhaltens der Akteure das Verständnis der Wörter und des Sinns der Sätze. Bestimmte Sprachformen, Modewörter und Ausdrücke, die ihre Bedeutung je nach Zusammenhang ändern, können situationsspezifisch erfaßt werden. Die Auswahl der Comics bietet ein breites Spektrum, vom Feminismus über die Zweierbeziehung und Kinder bis hin zu Politik und Alltag schlechthin.

«Die Frustrierten» liegen in fünf Bänden bereits auf deutsch bei Rowohlt vor – in einer freieren Übersetzung, die sich mehr am soziokulturellen Kontext der Bundesrepublik orientiert. «Plus de Français avec les Frustrés» enthält punktuelle Übersetzungshilfen, die dem Leser erlauben, den Originaltext zu verstehen und die Hintergründe zu begreifen. Übersetzt wurden:

- schwierige Wörter und solche, die zwar bekannt sind, aber leicht mißverstanden werden können, da sie in der jeweiligen Situation einen anderen Sinn haben,
- Wörter und Wendungen, die zur Umgangssprache und zum Argot gehören – sie sind mit (!) gekennzeichnet,
- Füllwörter in ihrer jeweiligen Bedeutung und Funktion,
- Ausdrücke (Floskeln), deren einzelne Wörter bekannt sind, die aber in diesem Zusammenhang eine andere Bedeutung annehmen.

Abkürzungen und Kurzformen werden in ihrer ursprünglichen Schreibweise wiedergegeben.

Da bestimmte Wendungen nicht direkt ins Deutsche zu übersetzen sind, wurden sie teils sinngemäß erklärt, teils mit einer deutschen Entsprechung versehen.

«Plus de Français avec les Frustrés» setzt Grundkenntnisse des Französischen voraus, bietet aber soviel Hilfen, daß man leicht hinter das Geheimnis kommt, wie ein Großteil der Französinnen und Franzosen heute denkt und spricht.

FRUSTRATION BLUES

le siècle: Jahrhundert
flipper (!): ausflippen
c'est la faute à Œdipe: Ödipus ist dran schuld
Anspielung auf ein Lied der Zeit der Französischen Revolution, in dem die Zeilen:
«Si je suis tombé à terre
C'est la faute à Voltaire
Le nez dans le ruisseau
C'est la faute à Rousseau»
vorkommen
ô gué: drückt im Refrain eines Liedes Fröhlichkeit aus
ô gué vive la rose: Refrain eines Volkslieds: es lebe die Rose
la névrose: Neurose
s'éclater (!): sich austoben
frustré: frustriert

En ce siècle je fli-ippe
C'est la faute à Œdi-ipe
Ô gué vive la ro-ose
J'ai ma vieille névro-ose
Laissez-moi m'éclater ô gué
Je suis frustré(e)

beuh: Ausdruck des Mißfallens

Refrain: BEUH

le séquoïa: Mammutbaum
je cours à la paranoïa: ich werde bald paranoid
délirer: phantasieren

C'est la faute au systè-ème
Si personne ne m'ai-aime
Ô gué vive le séquoïa
Je cours à la paranoïa
Laissez-moi délirer ô gué
Je suis frustré(e)

au refrain: der Refrain ist dran

Au refrain –

Le sexe, le sexe, le se-exe
Le sexe m'ensorse-exe
Ô gué vive la man-angle
Ma libido m'étran-angle
Laissez-moi sexister ô gué
Je suis frustré(e)

Au refrain –

ensorsexer: Neuschöpfung aus «ensorceler» (verhexen) und «sexe»: etwa: versexen
la mangle: Frucht des Mangrovebaums
étrangler: hier: ersticken
sexister: Neuschöpfung aus «sexe» und «exister» (bestehen, existieren): etwa: sexistieren

La société m'oppri-ime
Mon prochain me dépri-ime
Ô gué vive le curcuma
Je n'aime que le cinéma
Laissez-moi phantasmer ô gué
Je suis frustré(e)

Au refrain –

opprimer: unterdrücken
le prochain: der nächste
déprimer: deprimieren
le curcuma: Pflanze aus Indien
le cinéma: hier: etwas, was nichts mit der Wirklichkeit zu tun hat
phantasmer: phantasieren

Cette époque est immon-onde
Sur la terre et sur l'on-onde
Ô gué vive l'ompha-asse
Ici-bas c'est la ta-asse
Ah que vienne le pied ô gué
Je suis frustré(e)

Au refrain –

cette époque: unsere Zeit
immonde: widerlich
l'onde: hier: Wasser
l'omphase: Name eines Pilzes
ici-bas: hienieden
c'est la tasse (!): von «boire la tasse» (beim Baden Wasser schlucken); hier: immer wieder schlechte Erfahrungen machen
le pied(!): von «prendre son pied»: seinen Spaß haben

SI JE MENS

Ich müßte lügen

prendre la décision: die Entscheidung treffen
en fait: hier: eigentlich

se re-maquer (!): kommt von «maquereau» (Zuhälter): sich wieder mit einem Mann zusammentun
pas de sitôt: nicht so bald
ah bon?: hier: wirklich?, ach so?

ce cinéma: hier: dieses Theater
gluant: klebrig
se réhabituer: sich wieder gewöhnen
la névrose: Neurose
le mec (!): Mann, Typ
mimi: Kosename
arrête: hier: hör auf, ja ja
tu ne penses qu'à ça: du denkst an nichts anderes

des tas de: viele
la nana (!): Frau
ça se passe mal pour des tas de nanas (!): sinngemäß: viele Frauen machen eine schlimme Zeit durch
divorcer: sich scheiden lassen
à peine libres: kaum sind sie frei
se mettre à l'affût: sich auf die Lauer legen
hin hin: hm hm

être disponible: verfügbar sein; hier: offen sein
alors que: hier: wenn . . . aber . . .
se rendre compte de: merken
tu n'en as rien à foutre (!): es ist dir völlig egal
habile: geschickt
amorcer: in Gang setzen, einleiten
une stratégie s'amorce: eine Strategie zeichnet sich ab

de toute façon: sowieso
pour moi, le problème ne se pose pas: für mich stellt sich das Problem nicht
chiant (!): nervend
le mytho (!): Abkürzung für «mythomane»: Phantast

hein: hier: verstehst du?
même si: selbst wenn
retrouver: hier: einen neuen Mann finden

je veux dire: ich meine
pour vivre avec: zum Zusammenleben
évidemment: klar
un coup (!): hier: eine kurze Bumsgeschichte
vite fait: schnell

bon eh bien: hier: also
voilà: hier: so!
avoir envie de: Lust haben; hier: wollen
le piège: Falle
sacré: hier: verdammt (vor dem Substantiv)
retomber dans le piège: wieder in die Falle gehen
honnêtement: ehrlich
d'ailleurs: hier: übrigens

il suffit de: hier: man braucht nur
le copain (!): Freund
s'énerver: sich aufregen

la pire des solitudes: die schlimmste Einsamkeit
à côté de: hier: im Vergleich zu

je ne vois pas pourquoi je ne me croirais pas: warum sollte ich mir nicht selbst glauben

LES GRANDES FRAGILES

Die zarten Frauen

fragile: zerbrechlich
grand: hier: sehr

tu veux que je te dise: sinngemäß: soll ich dir was sagen?
en avoir marre de (!): die Nase voll haben
pas tant que moi: nicht so sehr wie ich

dépossédé: enteignet; hier: beraubt
l'individualité créatrice: schöpferische Individualität

immédiatement: sofort
assimilé à: gleichgestellt mit
le notaire: Notar
être en extase: verzückt sein
l'armoire à linge: Wäscheschrank
sauter: springen
sauter (une femme) (!): eine Frau bumsen

l'agneau: Lamm
terrifié: verängstigt

en le disant: wenn du es sagst . . .
bafouer: verhöhnen
la sororité: Schwesterlichkeit
constamment: ständig
profaner: entwürdigen, verschmutzen
la chair: Fleisch
vif, vive: lebendig
dans sa chair vive: sinngemäß: in ihrem Fleisch und Blut
rien que pour t'apprendre à vivre: nur um dir zu zeigen, wie das Leben ist
la bricole: Kleinigkeit
qu'il t'arrive des bricoles: sinngemäß: daß dir was passiert
dès ce soir: schon heute abend
le parking: Parkhaus

Sie meint ganz einfach, daß Frauen aus Solidarität mit ihren Schwestern, die vergewaltigt werden, nicht laut sagen dürfen, daß sie nachts keine Angst haben. Und diejenigen, die nicht solidarisch sind, sollen erleben, wie es ist.

bosser (!): arbeiten
ça fait 10 ans que . . . : seit 10 Jahren . . .
le rang de perles: Perlenkette
la copine (!): Freundin
l'argenterie: Silberbesteck
se démerder (!): sich durchschlagen
se faire entretenir: sich aushalten lassen
qui que ce soit: wer es auch ist; hier: von wem auch immer
comme c'est beau: wie schön

conforter: bestätigen
mâle: männlich
le pouvoir mâle: Macht der Männer
la traîtresse: Verräterin
doublée: hier: und zugleich
la salope (!): Miststück

le mec (!): Mann, Typ
refuser: hier: sich weigern
se passer de: verzichten auf
au nom de principes: wegen Prinzipien
sacré: heilig
aussi sacrés soient-ils: und seien sie auch noch so heilig
bon ben (!): für «bon bien»; hier: dann
la victime: Opfer
irresponsable: unverantwortlich
l'impérialisme érotique dominant: der herrschende erotische Imperialismus

tant pis: macht nichts, wenn schon
puisque: wenn
la seule ressource: hier: die einzige Möglichkeit
de l'époque: hier: zur Zeit
dans le meilleur des cas: bestenfalls
en mutation: in der Wandlung begriffen
donner dans: hier: stehen auf
voilà: so ist es, basta

je m'en fous (!): es ist mir scheißegal
déconner (!): spinnen
la femme-fleur fragile: eine Frau, zierlich und zerbrechlich wie eine Blume
faire chier (!): ärgern
rigoler (!): lachen
qu'est-ce qu'on va rigoler (!): das wird aber lustig sein

remarque: hier: allerdings
le boulot (!): Arbeit
ça va être du boulot (!): es wird nicht leicht sein

PLEINS FEUX SUR L'AUTEUR

Der Autor im Rampenlicht

je t'assure: singgemäß: bestimmt
la pub (!): Abkürzung für «publicité»: Werbung
évident: klar
d'ailleurs: außerdem
chais pas (!): für «je ne sais pas»

ça fait prétentieux: das wirkt eingebildet
à moins de: es sei denn
une marrante (!): ein Lustiges
je veux dire: ich meine
je m'en fous (!): das ist mir völlig egal

avoir l'air con (!): bescheuert aussehen

le double menton: Doppelkinn
on dirait: sieht aus wie
ridicule: lächerlich
c'est exactement toi: genauso bist du

éviter: vermeiden
tordre: verdrehen; hier: hochziehen
en biais: schief
l'éclairage: Beleuchtung
nul: hier: sehr schlecht, miserabel
exagérer: übertreiben

il faut que ça fasse naturel: es muß natürlich aussehen
pas posé: nicht gestellt
ce n'est pas toi du tout: so bist du überhaupt nicht

ah bon?: hier: wieso?
ressembler à: ähnlich aussehen
à la limite: hier: fast
reconnaître: erkennen

photogénique: fotogen
qui que ce soit: irgend jemand
capable: in der Lage, fähig

une photo anthropométrique: Foto für das Polizeiarchiv

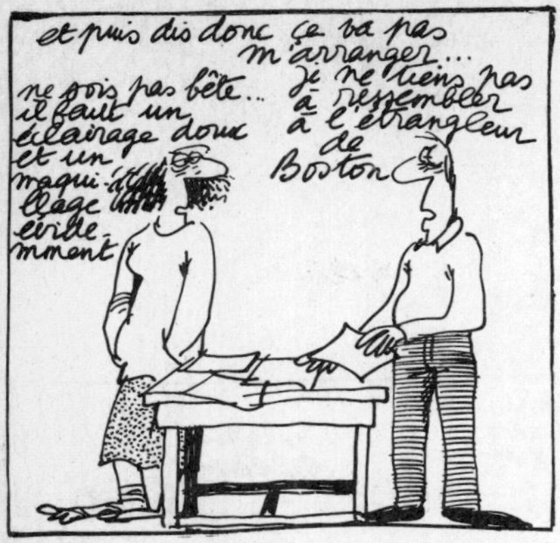

et puis dis donc: hier: na aber hör mal
ça ne va pas m'arranger: sinngemäß: ich werde noch schlimmer aussehen
tenir à: Wert legen auf
l'étrangleur: Würger
bête: doof
le maquillage: Schminken
évidemment: natürlich

de toute façon: sowieso
avoir horreur de: hassen
j'ai hhhorreur: ich hassssse
le narcissisme: Narzismus

prendre rendez-vous: Termin ausmachen
la prise de vue: Aufnahme

LE DROIT À L'ERREUR

Das Recht auf Irrtum

le débat mondain: Diskussion, die nicht in die Tiefe geht, wo aber alle Teilnehmer mit ihren Beiträgen glänzen wollen
collabos (!): Abkürzung für «collaborateur»; bezeichnet hier diejenigen, die während des Zweiten Weltkriegs mit den deutschen Besatzern zusammengearbeitet haben.
ex-stalinien: ehemaliger Stalinist
énervé: genervt

moi, je sais ce que c'est: hier: ich persönlich weiß Bescheid
j'en étais: ich war dabei
alors: hier: also, dann
une fois de plus: hier: schon wieder
la connerie (!): hier: dummes Zeug, Stuß
le sujet: hier: Thema

quant à: was ... anbelangt, betrifft
Mimine: Verkleinerungsform für Michèle oder Micheline
ça me gêne: hier: das ist mir peinlich
n'importe quoi: dummes Zeug
pendant des années: jahrelang
permettre: erlauben
alors, tu permets: sinngemäß: ich weiß, wovon ich rede
légère: leicht; hier: klein
entre autres: unter anderem; hier: nebenbei, unter uns

dévier: abweichen, hier: ablenken
la converse (!): Abkürzung für «la conversation»: Unterhaltung
l'Algérie: Der Krieg zwischen Frankreich und der Algerischen Befreiungsbewegung FLN (1954–1962) brachte Frankreich an den Rand eines Bürgerkriegs. Die widersprüchliche Politik sowohl de Gaulles als auch der Sozialisten und Kommunisten hat viele Franzosen nachhaltig enttäuscht.
reconnaître: anerkennen; hier: zugeben
j'ai été trompé: hier: ich bin getäuscht worden
la pièce: hier: Raum
là-dessus: darüber

Mai 68: Höhepunkt der französischen Studentenrevolte. Der Kampf der Studenten gegen die autoritären Strukturen an der Universität hatte sich ausgeweitet und besonders in Paris mit Teilen der Arbeiterbewegung und vielen Schülergruppen verbunden. Viele Intellektuelle haben sich sowohl theoretisch als auch praktisch (bis hin zu Straßenkämpfen) auf diese neue Protestbewegung bezogen.
La Sorbonne: älteste Universität Frankreichs im «Quartier Latin» (Fünftes Arrondissement), für Literatur und Geisteswissenschaften, hat eine entscheidende Rolle während der Studentenbewegung im Mai 68 gespielt.
coco: abwertende Abkürzung für «communisme et communiste»
la question coco (!): das Thema Kommunismus
d'ailleurs: übrigens
avant tout le monde: als erste, vor allen anderen
le tome: Band
faire plaisir: eine Freude machen
le copain (!): Freund
qui ne feraient pas plaisir à tous les copains!: sinngemäß: und diese würden vielen Freunden nicht gefallen!

laisse tomber (!); vergiß es!
avec lui: bei ihm
dis donc: hier: sag mal!
la salade: hier: Mischmasch
«Détective»: Zeitschrift, die sich ausschließlich mit Mord- und Sexgeschichten beschäftigt
alors là: hier: aber jetzt
les filles: nette Anrede für Frauen
je vous arrête: hier: ich muß euch unterbrechen

entonner: anstimmen
le couplet: Strophe
pas la peine d'entonner le couplet: sinngemäß: es ist nicht nötig, dieses alte Lied wieder anzustimmen
invétéré: unverbesserlich
la question féminine: was den Feminismus betrifft
être branché (!): auf dem laufenden sein, informiert sein
vous voyez?: hier: verstehen Sie?
la chaire: Kanzel
en chaire!: steig auf die Kanzel
le gourou: Guru
se gourer (!): sich irren

absolument: hier: ganz genau, durchaus
être impliqué: verwickelt sein
à fond: hier: total, bis zum Ende
les tripes: Eingeweide; hier: Bauch
le droit à la parole: das Recht mitzureden

bon, alors: hier: na gut, also
la nouvelle cuisine: neue Gastronomie mit leicht bekömmlichen, frischen Produkten, mit kleinen, sehr ästhetisch arrangierten Portionen und hohen Preisen

je suis pour les deux: ich bin für beides
à mort: hier: hundertprozentig

LE REPOS DU CADRE

Die Ruhepause der Leitenden

le cadre: leitende Angestellte
le repos du cadre: abgeleitet von «Le repos du guerrier», einem Film von Roger Vadim mit Brigitte Bardot in der Hauptrolle

alors, qu'est-ce que tu racontes?: sinngemäß: also, was gibt's Neues?
dis donc: sag mal
bronzé: braun
ouais (!): oui
l'Indre: Département mit sanfter Landschaft südlich der Loire

le stage de créativité: Kreativitätsworkshop. Seit den siebziger Jahren blühen auch in Frankreich alle möglichen Workshops, Seminare, Kurse, die die Entfaltung des Individuums – und die Erhöhung der Produktivität – zum Ziel haben.
la boîte (!): hier: die Firma
vachement bien (!): wirklich toll, echt gut!
une espèce de: eine Art
le manoir: Herrensitz
aménagé super-luxe: luxuriös eingerichtet
chouette (!): klasse
consister en: daraus bestehen
ça a consisté en quoi ce stage?: hier: was war das für ein Workshop?

ben (!): bien
apprendre: hier: beibringen
se déconcentrer: hier: sich entspannen (sehr ungebräuchlich)
la respiration: Atmung
tu vois (!): hier: verstehst du?

bouffer (!): essen
les débats: Diskussion
le créatif: eigentlich ein Adjektiv; nun neues Wort aus dem englischen «creative»: die Fähigkeit, etwas Neues zu schaffen
pas du tout: überhaupt nicht
directif: hier: autoritär
t'es (!): tu es
la cabine individuelle: Einzelkabine
l'écouteur: Kopfhörer
se détendre: sich entspannen; hier: frei haben

projeter: projizieren (Bilder)
la télé: Fernsehen
l'écran-télé: Bildschirm
évoquer: die Erinnerung wachrufen; hier: einfallen
appuyer: drücken
la touche: Tasten

évoquer: hier: assoziieren
déterminer: bestimmen; hier: auslösen
vachement bien (!): wahnsinnig gut
d'ailleurs: hier: übrigens

y a (!): il y a
le truc (!): Ding
un certain nombre de trucs: hier: ein paar andere Sachen
une table ronde: hier: Diskussionsrunde
connu: berühmt
sympa (!): Abkürzung von sympathisch; hier: sehr nett, ganz okay

trouver: finden
trouver une idée: auf eine Idee kommen
tout ça: und so
décontract (!): Abkürzung von «décontracté»: entspannt; hier: zwanglos

ceci dit: sinngemäß: aber dazu muß man sagen (wird benutzt, wenn man etwas erklärt und einen anderen Aspekt in die Diskussion einführen möchte)
le temps libre: Freizeit
la salle de projection: Filmraum
l'auditorium: Musikraum
c'est bien foutu (!): hier: das ist wirklich toll gemacht

on est: hier: man befindet sich
on est dans un parc: sinngemäß: es liegt alles in einem Park
assez chouette: hier: toll
la piscine: Schwimmbad
l'hôtesse: Empfangsdame
pas mal: hier: flott, gutaussehend

ça doit coûter chaud à la boîte: sinngemäß: es kostet die Firma bestimmt ein Vermögen
mais enfin si: aber wenn
la promotion: Förderung; hier: Aufschwung
le sanitaire: hier: Sanitäranlagen-Industrie
moi je veux bien: hier: ich habe nichts dagegen, warum nicht

en tout cas: auf jeden Fall
en ce moment: jetzt
je ne pense qu'à une seule chose: ich denke nur an eins!

LES FLIPPÉS DE L'UNDERGROUND

Die Ausgeflippten der U-Bahn

le con (!): Arschloch
tous des cons (!): alles Arschlöcher

veulent (!): «ils ne veulent». In der Umgangssprache wird manchmal das Personalpronomen einfach weggelassen.
rien foutre (!): hier: nicht arbeiten
te mettrais (!): «je te mettrais». «Te» steht in der Umgangssprache für einen nicht vorhandenen Gesprächspartner.
le boulot (!): Arbeit
mettre au boulot: jemanden zur Arbeit schicken
le cul (!): Arsch
un coup de pied au cul (!): ein Tritt in den Arsch
la Résistance: Widerstandsbewegung während des Zweiten Weltkriegs. Wird öfters zitiert als Beispiel für eine heldenhafte Bewegung, die einen sehr strengen Ehrencodex hatte und die noch heute der Stolz vieler Franzosen ist (auch wenn viele gar nicht dabei waren).
la manche: Ärmel
une autre paire de manches: sinngemäß: es war ganz anders!

l'otage: Geisel
ça n'existe pas: sowas gibt es nicht
de Gaulle: französischer General, Chef der Widerstandsbewegung in London während des Zweiten Weltkriegs, erster Präsident der fünften Republik von 1958 bis 1969. De Gaulle ist für viele Franzosen ein Symbol der Ordnung und des Nationalstolzes.
mettre au pas: gleichschalten, auf Vordermann bringen; hier: in die Reihe bringen
ça n'aurait pas traîné (!): sinngemäß: das hätte nicht lang gedauert

les jeunes: die Jugendlichen
la tranchée: Schützengraben
pas contents?: hier: nicht einverstanden?
la balle: Kugel

l'ouvrier il trinque l'ouvrier!
qu'à fermer sa gueule
c'est la fin
de la civilisation

qu'est-ce
qu'il y a
comme dingues!

BRETECHER

GUIDE DES PASSIONS

Brevier der Leidenschaften

tu comprends: hier: siehst du
le mec (!): Typ
je me fais des mecs (!): hier: ich bumse die Typen hintereinander
et puis après: was soll's?

l'autre jour: neulich
chais plus qui (!): *je ne sais plus qui:* ich weiß auch nicht mehr wer sonst
eh ben (!): eh bien
s'apercevoir: hier: feststellen
que je me les étais faits tous les cinq: sinngemäß: daß ich es mit allen fünfen getrieben habe

Dugommeau, c'est un bon coup? (!): sinngemäß: war Dugommeau gut im Bett?
pas mal: geht so

nul: wertlos, unbedeutend
il est nul: hier: der bringt's nicht
la mouche: Fliege
compter les mouches: sinngemäß: vor Langeweile einschlafen
en plus: und noch dazu
le zizi (!): Pimmel
avoir horreur de: hassen

un petit sentiment: hier: eine kleine Schwäche

pratiquer: praktizieren
moi qui l'ai pratiqué (!): sinngemäß: ich habe ihn mal ausprobiert
il n'y a pas plus égocentrique: es gibt nichts Egozentrischeres

en plus: noch dazu
ce petit con (!): dieser blöde Kerl
adorer: verehren
il adore sa femme: er ist in seine Frau verknallt
y a rien à en tirer (!): hier: da ist nichts zu holen (machen)
ouais (!): oui

chuis (!): je suis
la grande histoire: hier: die große Liebe
moi aussi j'ai mes crises: hier: ich habe auch solche Krisen

tant que: soweit, sowie
tant qu'à avoir une grande histoire: wenn schon eine große Liebe, dann aber
plutôt: hier: eher
laisse tomber (!): vergiß es

et puis: hier: und außerdem
baiser (!): bumsen
demander une telle concentration: eine solche Konzentration erfordern
après tout: schließlich
je vais arrêter: ich werde damit Schluß machen
ça ne te fait rien?: macht es dir was aus?
ricaner: grinsen
ça ne te fait rien si je ricane?: sinngemäß: du erlaubst, daß ich lache!

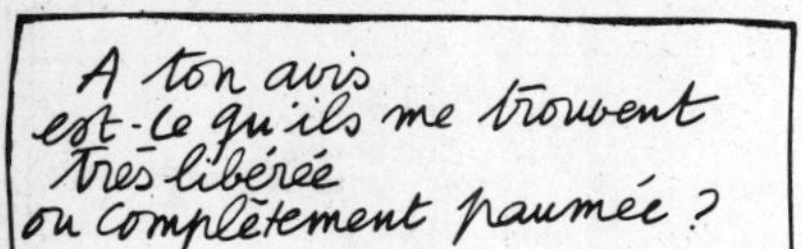

à ton avis: deiner Meinung nach
trouver: finden; hier: halten
est-ce qu'ils me trouvent très libérée?: halten sie mich für sehr emanzipiert?
complètement paumée? (!): völlig daneben

LES ABYSSES

Abgründe der Depression

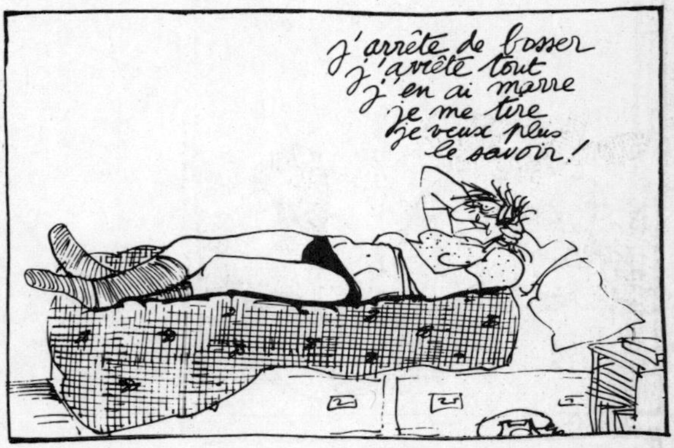

bosser (!): arbeiten
arrêter de: aufhören
j'arrête tout: ich mache Schluß
en avoir marre (!): die Nase voll haben
se tirer (!): abhauen
je veux plus le savoir: ich will von nichts mehr wissen

arriver à: erreichen, es schaffen
j'arrive pas à comprendre: ich begreife es einfach nicht
l'intérêt: Interesse
quel intérêt ils trouvent à l'existence: was sie an dem Leben so interessant finden

tomber amoureux: sich verlieben
monstreux: hier: scheußlich

chiant (!): kotzlangweilig
feignant: faul
le maquereau: Makrele; hier: Zuhälter

les marrants (!): die Lustigen
la gueule: Maul; hier (!): Gesicht
pas possible: unmöglich
névrosé: neurotisch
comme des bêtes: wie Tiere; hier: bis es nicht mehr geht

picoler (!): saufen
la saloperie (!): Schweinerei
la couette: Bettdecke
la saloperie de couette: Scheißdecke
le duvet: Daune; hier: Fussel
mettre du duvet partout: Fussel verlieren

la copine (!): Freundin
si seulement je: wenn ich . . . bloß
coucher: hier: mit jemandem schlafen
j'y arrive pas: ich schaffe es nicht

faut: il faut
il faut absolument: ich muß unbedingt
se forcer: sich zwingen; hier: sich zusammenreißen
qu'est-ce que c'est encore?: was ist denn das schon wieder?

allo: für «hallo» In Frankreich meldet man sich am Telefon nicht mit Namen, sondern mit «allo».
ça ne va pas du tout: mir geht's sehr schlecht

LE PENSE-BAISE

Beischlafideen-speicher

le pense-baise: Wortspiel, ausgehend von «pense-bête» (Eselsbrücke) und «baiser» (!) bumsen; hier: Aufnahmegerät, um nicht die tollen Ideen, die man nach dem Beischlaf hat, zu vergessen

complètement: hier: total
enregistrer: aufnehmen
une miette: Krümel
en perdre une miette: nichts davon verlieren
l'humanité: die Menschheit
ce serait dommage que l'humanité en perde une miette: sinngemäß: es wäre zu schade, wenn irgend etwas verlorengehen würde

rassurer: beruhigen
ça te rassure: das bestätigt dich
quelque part: irgendwo
diminuer: klein machen
ça m'a échappé: das ist mir rausgerutscht

tu as gagné: hier: du hast es geschafft
on est dans la merde (!): wir sind in der Scheiße

ça recommence: hier: das geht schon wieder los
insensé: unsinnig
c'est insensé: hier: das ist unmöglich
assurer: versichern
je t'assure: hier: ich sage es dir
la verbalisation: Verbalisierung
agresser: angreifen
la bribe: Bruchstück
le discours: Rede
culpabiliser: sich schuldig fühlen
le discours culpabilisant: Aussage, die Schuldgefühle hervorruft

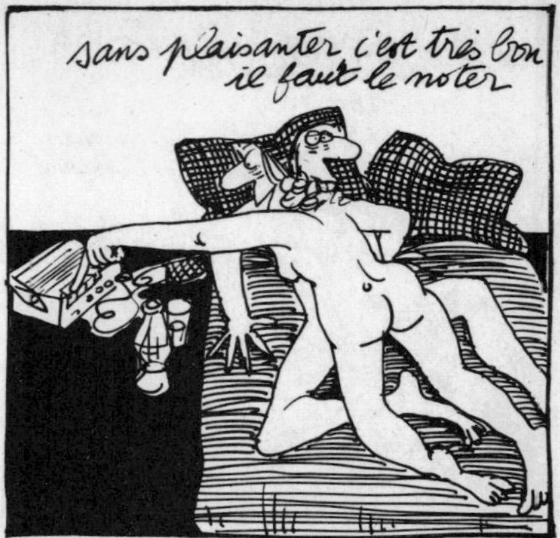

plaisanter: scherzen
sans plaisanter: das ist kein Scherz
noter: notieren; hier: festhalten

raboter: hobeln
frotter: reiben; hier: schleifen

mettre: schalten; hier: drücken
lecture: hier: Wiedergabe

chavais (!): «je ne savais pas»
que tu te la faisais (!): daß du was mit ihr hast
la bêtise: Dummheit
ne dis pas de bêtises: red keinen Unsinn

trouve mieux: du solltest eine bessere Ausrede finden

LES CHAMPIONS

Die Besten

il faut que je batte Dugommeau: ich muß Dugommeau übertreffen
le calcul: Rechnen
8: die Note 8
il a encore eu 8: in der französischen Grundschule ist die schlechteste Note 0, die beste 10
j'en ai marre (!): hier: mir reicht's

ex-œquo: gleiche Rangreihe
In der Grundschule werden für jeden Schüler monatlich die Durchschnittsnoten errechnet und die Schüler in eine Rangreihe gebracht.
le cours particulier: Privatstunde
le salaud (!): Mistkerl

je m'en fous (!): das ist mir scheißegal
j'allais en prendre aussi pendant les vacances: ich werde auch in den Ferien welche (Privatstunden) bekommen
l'orthographe: Rechtschreibung

chuis (!): «je suis»
en avance: im voraus, das heißt, jünger sein als normal
le cours préparatoire: erste Klasse (in Ausnahmen fängt man die Schule mit fünf Jahren an)
ben (!): bien
t'as du pot (!): du hast es gut, du hast Glück

le grand cousin: Vetter zweiten Grades
C. E. S.: Abkürzung für «Collège d'Enseignement Secondaire» (wurde abgeschafft), in etwa vergleichbar mit hiesiger Realschule

une classe de cons (!): eine Klasse für Dummköpfe
Saint François de Sales: sehr berühmte katholische Privatschule in Paris

remarque: hier: obwohl
bosser (!): travailler
arriver à: es schaffen
à passer au lycée: auf das Gymnasium gehen
avoir des chances: gute Aussichten haben
évidemment: klar

pis (!): «puis»
ma mère me fait bosser: meine Mutter arbeitet mit mir
ils s'en foutent (!): es ist ihnen scheißegal

vous avez l'air sinistre: ihr seht düster aus

le goûter: nach der Schule gegen 17 Uhr bekommen die Kinder einen Snack und etwas zum Trinken
changer les idées: auf andere Gedanken bringen
la crêpe: dünner Pfannkuchen

chronométrer: die Zeit stoppen

UN COUPLE MODERNE

Ein modernes Paar

bon alors: also
je serais . . .: der ganze Satz ist in der Konditionalform geschrieben, das ist typisch für die Kinder, die eine Rolle spielen

le boulot (!): Arbeit
pasque: (!): «parce que»
le bruit: Geräusch
le garage: Garage und Werkstatt

le linge: Wäsche
la machine à laver: Waschmaschine

Colas: Abkürzung für «Nicolas»
en panne: kaputt
les bonnes femmes (!): die Weiber
ne rien connaître à la mécanique: von Technik keine Ahnung haben

c'est normal que les femmes connaît rien à la mécanique (!): Kindersprache; richtig: «c'est normal que les femmes n'y connaissent rien en mécanique»
souder: schweißen

bien: hier: wohl
casser: kaputtmachen

le cambouis: altes Öl
tu t'es mis plein de cambouis: du hast dich mit Öl vollgeschmiert
le souillon (!): Schmutzfink
Xtra spéciale machine: Marke eines Waschmittels

je vais faire mes yeux: (richtig: «je vais me faire les yeux») sich die Augen schminken
le fric (!): Geld
encore: hier: schon wieder

on s'amuse bien?: spielt ihr schön?

faire la lessive: die Wäsche waschen
faire la cuisine: kochen

LES PURS

Die Unbestechlichen

la caresseuse: Streichlerin. Das Wort ist eine Neuschöpfung aus dem Verb «caresser» (streicheln, liebkosen).
une brique: Backstein
une brique (!): eine Million alte Francs
en tout et pour tout: alles in allem

c'est pas compliqué: ganz einfach
le tournage: Dreharbeit
remarque: hier: obwohl
le montage: Filmschnitt
mixer: mischen

le copain (!): Freund
la propriété: herrschaftlicher Landsitz
la Sologne: Heide- und Waldlandschaft südlich von Paris mit vielen herrschaftlichen Landsitzen und ausgedehnten Jagdgebieten
le dédommagement: Entschädigung
c'est d'être là: dabei zu sein

le scénario: Drehbuch
ouais (!): «oui»

l'humour: Humor
chais pas (!): «je ne sais pas»

faut pas (!): «il ne faut pas»
faut pas oublier: man darf nicht vergessen
la clientèle: hier: Publikum
le travailleur immigré: Gastarbeiter
or, le travailleur immigré: der Gastarbeiter aber
il s'en fout (!): es ist ihm scheißegal

la belle image: hier: schöne Fotografie
l'érotisme: Erotik
un pur produit: reines, hundertprozentiges Produkt
la culture bourgeoise dominante: die herrschende bürgerliche Kultur

les chiottes (!): Toilette, W. C.
un goût de chiottes (!): beschissener Geschmack
aliéné: entfremdet
qu'on ne compte pas sur moi: sinngemäß: man darf nicht von mir erwarten, daß
accélérer: beschleunigen
le processus: Prozeß

ceci dit: hier: im übrigen
le boulot (!): Arbeit
pour le plaisir: zum Spaß

réaliser: hier: drehen können
quel genre de film?: was für ein Film?

LE THÉ À LA MENTHE

Pfefferminztee

le thé à la menthe: schwarzer Tee mit frischer Pfefferminze, sehr heiß und süß, der in Nordafrika getrunken wird

la fête: überall, wo was los ist
la pub: Abkürzung für «publicité»: Werbung
l'agence: hier: Reisebüro
ils mettent: hier: sie schreiben
participer: dabeisein, mitmachen
tu parles!: sinngemäß: denkste!
des vacances à la papa: sinngemäß: sehr ruhige Ferien
je ne vois pas: hier: ich wüßte nicht

fouiller: wühlen
ils m'énervent: sie fallen mir auf die Nerven
le tam-tam: afrikanische Trommel; im weiteren Sinn: Lärm
ceux-là: die da
taper: schlagen

l'amande: Mandel
l'animation: hier: Programm, um die Urlauber bei Laune zu halten
un point c'est tout: Punkt aus
ça va cinq minutes: sinngemäß: fünf Minuten reichen
se taper dans les mains: in die Hände klatschen

prévenir: warnen, Bescheid sagen
je te préviens: hier: merk dir das
en fait de participation: was das Mitmachen betrifft
écroulés: zusammengefallen; hier: abgeschlafft herumsitzen

le mal de ventre: Bauchschmerzen
dites-donc: hier: unglaublich
la grippe intestinale: Darmgrippe
une espèce de: eine Art

c'est à cause de l'eau: das kommt vom Wasser
complètement sonné (!): völlig groggy
je t'avais prévenu: hier: ich hatte dich gewarnt

bouffer (!): essen
qu'est-ce qu'on bouffe mal: sinngemäß: man ißt unglaublich schlecht
le couscous: nordafrikanisches Gericht aus Grieß, Gemüse und Fleisch, das mit einer scharfen Soße (Harissa) gegessen wird
dégueulasse (!): hier: sehr schlecht
Saint-Séverin: Straße im Pariser Quartier Latin mit vielen nordafrikanischen Restaurants
des bourgeois privilégiés: Privilegierte

la crevette: Krabbe
la brochette: Spieß
épicé: scharf gewürzt
ça pue par ici: hier stinkt's

le millime: tausend Millime entsprechen einem tunesischen Dinar
se gratter: sich kratzen
ils se grattent pas (!): sinngemäß: sie schlagen ganz schön zu
tu penses bien: hier: das ist doch klar
remarque: hier: übrigens

allez: hier: so jetzt
d'ailleurs: hier: sowieso
marchander: handeln
la peau de mouton: Schafsfell
c'est correct: hier: das ist okay
tu t'es fait avoir: du wurdest reingelegt

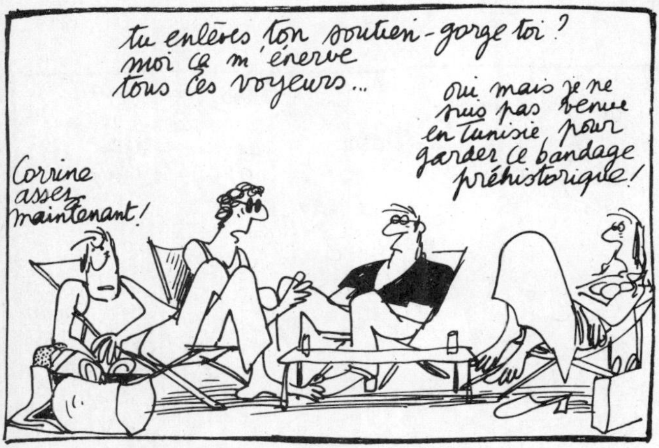

enlever: hier: ausziehen
le soutien-gorge: Büstenhalter
ça m'énerve: das geht mir auf den Wecker
le bandage: Verband, Binde
préhistorique: hier: vorsintflutlich

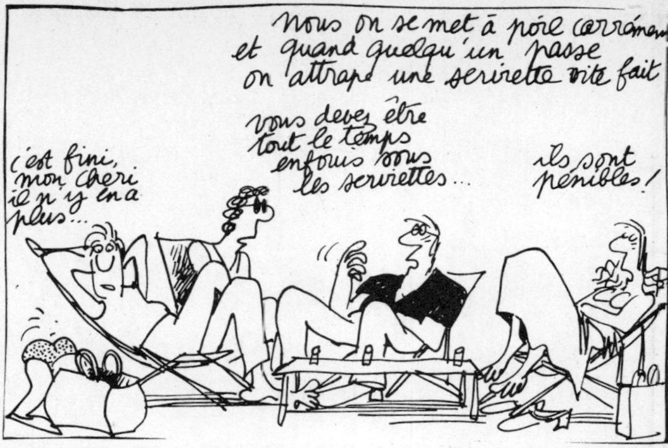

le poil: Haar
se mettre à poil (!): sich nackt ausziehen
carrément: glattweg; hier: einfach
attrapper: hier: schnappen
la serviette: Handtuch
vite fait: hier: schnell
enfouir: vergraben
enfouis: hier: versteckt
pénible: lästig

le moins qu'on puisse dire: sinngemäß: das kann man wohl sagen
résolu: gelöst
tiens: hier: übrigens
«La fonction érotique»: Buchtitel
prêter: ausleihen
se mettre à la place de quelqu'un: sich in die Lage von jemandem versetzen

c'est énervant: es nervt
il y a une odeur: es riecht
le creux: Hohl
avoir comme un petit creux: sagt man, wenn man einen kleinen Hunger hat

la côte d'agneau: Lammkotelett
la rue derrière: etwa: Nebenstraße
en fait: hier: praktisch

bon alors: hier: also

Nur rund die Hälfte der Franzosen fährt in Urlaub, nur jeder sechste davon ins Ausland. Die meisten bleiben im eigenen Land, denn da versteht man die Sprache und weiß, was man zu essen bekommt.

LES MAÎTRES DU MONDE

Die Herren der Welt

chais pas (!): «je ne sais pas»
ce que j'ai: hier: was mit mir los ist
chuis (!): «je suis»
pas en forme: nicht gut drauf
ah bon!: hier: ach so!
fermer l'œil: das Auge zumachen
moi c'est simple, je ne ferme plus l'œil de la nuit: singgemäß: ich bekomme nachts einfach kein Auge mehr zu

une espèce de: eine Art
la barre: Stab, Stange; hier: Druck
en permanence: ständig
faire faire: machen lassen
l'examen: hier: Untersuchung
j'ai fait faire tous les examens: ich habe einen totalen Check-up machen lassen
la douleur: Schmerz
sur le côté: in der Seite
irradier: ausstrahlen

le poids: Gewicht
ça me fait comme un poids: sinngemäß: es drückt, ich spüre es wie ein Gewicht
surtout: hier: besonders, gerade
au réveil: beim Aufwachen
en même temps: gleichzeitig
mou: weich; hier: ohne Energie
avoir envie: Lust haben
j'ai envie de rien faire: ich habe keine Lust zu irgend etwas
paraître: erscheinen
il paraît: hier: man sagt, angeblich
ressembler: hier: ähnlich sein
l'angine de poitrine: Angina pectoris, Herzanfall
aller voir: hier: aufsuchen
le cardiologue: Kardiologe

le toubib (!): Doktor (vom arabischen «tbib»: Heilpraktiker, Schamane)
tu peux voir tous les toubibs que tu veux: sinngemäß: du kannst so viele Ärzte konsultieren, wie du willst
tu parles (!): hier: klar
un peu contents (!): hier: ganz schön froh
éviter: vermeiden; hier: ersparen
se casser la nénette (!): sich den Kopf zerbrechen

d'ailleurs: hier: na ja
t'as qu'à lire: sinngemäß: lies doch
Illich: Ivan Illich, 1926 in Wien geboren, Gründer des CIDOC (Internationales Dokumentations-Zentrum) in Guernavaca (Mexiko) – Forschungen über Latein-Amerika und kritische Seminare über die Industrie-Gesellschaft, Kritiker westlicher Schul- und Gesundheitssysteme.
remarque: hier: obwohl
la connerie (!): hier: dummes Zeug
ce qu'il y a: sinngemäß: im Grunde genommen, in Wirklichkeit
sédentaire: seßhaft
on mène une vie sédentaire: sinngemäß: man hat ein Leben mit zuwenig Bewegung

c'est évident: hier: klar, genau
d'ailleurs: hier: übrigens
le boulot (!): Arbeit
le vélo: Fahrrad
bosser (!): arbeiten
regarde: hier: ich zum Beispiel
détendu: entspannt
je suis en pleine forme: sinngemäß: mir geht es prima

dis donc: sag mal
file-moi (!): gib mir mal
Vabrium: Anspielung auf Valium
Tranquilline: erfundene Marke für Beruhigungs-
mittel

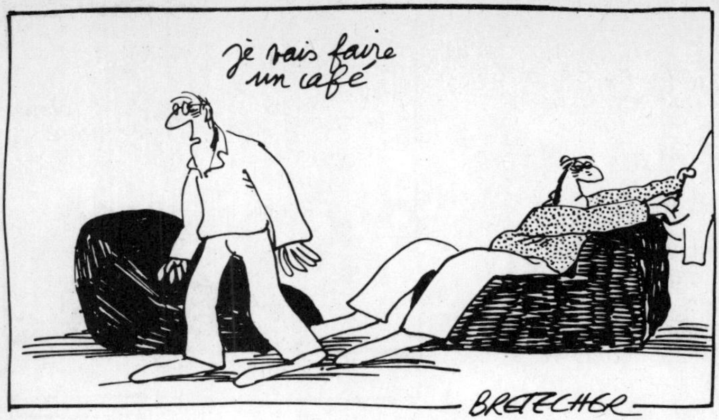
je vais faire
un café
BRETECHER

ODE À TINTIN

Ode an Tintin

Tintin: berühmter Comic des belgischen Zeichners Hergé für Jugendliche von «7 bis 77 Jahre». Der erste Band ist vor dem Zweiten Weltkrieg erschienen.

Samantha: ausgefallener Mädchenname
saloperie: hier: Schund
pareille: hier: solche
ça va pas non?: hier: spinnst du?, was ist denn los?

laisse-la donc tranquille: sinngemäß: laß sie doch
ben quoi?: na und?

démissionner: zurücktreten; hier: abdanken, aufgeben (als Vater)
quand même: hier: doch nicht
au point de: soweit, daß
s'inbiber: sich mit etwas vollsaugen; hier: vollstopfen
primaire: hier: primitiv
particulièrement: besonders
réceptif: aufnahmefähig
influençable: beeinflußbar
rendre: zurückgeben
rends-le-moi: gib's mir wieder
laisser tomber: fallen lassen
laisse tomber (!): laß doch

d'une inconscience: unbewußt, hier: leichtsinnig
être d'une inconscience incroyable: wahnsinnig leichtsinnig sein
estimer: schätzen; hier: der Meinung sein
grave: hier: ernsthaft
facho (!): Abkürzung für «fasciste»
de nature: von Natur aus
ce que t'es chiant (!): du nervst aber
exagérer: übertreiben

et d'abord: hier: erst mal
le torchon: Geschirrtuch; hier: schlechtes Heft (Zeitung)
les puces: Flohmarkt
mémé: etwa: Oma

balle (!): hier: «franc»
Montreuil: Vorort östlich von Paris, wo am Samstag und Sonntag der Flohmarkt stattfindet
le fric (!): Geld

le truc: Sache; hier: interessante Sache
avoir le droit de: hier: dürfen
la bande dessinée: Comic

si tu as fait un coup pareil, fille, je te tire mon chapeau
quand je pense que je l'avais étant gosse et que ma mère l'a jeté
4ème trimestre 73 c'est une ré-édition
ça m'aurait étonnée aussi
je renonce à éduquer cette gamine...
c'est ça fiche-lui la paix!
BRETECHER

LES FEUX DE LA NUIT

Die Lichter der Nacht

mais bien sûr: aber klar
la soirée: hier: Party, Fest
dément: wahnsinnig (hier positiv gemeint)
s'habiller: sich anziehen; hier: sich schick zurechtmachen
pour une fois: hier: ausnahmsweise
c'est une occasion de t'habiller pour une fois: du hast endlich mal eine Gelegenheit, dich herauszuputzen

ne pas s'habiller beaucoup: hier: sich nicht besonders fein machen
mettre quelque chose: hier: etwas anziehen
juste: hier: nur
un truc: hier: etwas
un peu brillant: ein bißchen glänzend
prêter: ausleihen
pas une seule portion: kein einziges Teil
mon individu: hier: meine Person
gagner à: gewinnen; hier: sich lohnen

bête: doof
oser: wagen
marrant (!): lustig
moche: häßlich

déconner (!): spinnen
essayer: probieren
ravissant: bezaubernd
sur moi: an mir
grotesque: lächerlich, grotesk

euh...: Humm...
le pull marin: sportlicher Wollpullover (normalerweise dunkelblau und ursprünglich nur von Seeleuten getragen, aber mittlerweile sehr modisch)
c'est pas le rêve: hier: das ist nicht das Wahre
enlève-moi ce pull: zieh mal diesen Pulli aus

d'accord: hier: okay
pourri: verdorben; hier: alt, kaputt

les baskets: Turnschuhe
casser le climat: sinngemäß: die Harmonie zerstören
les pompes (!): Schuhe

la coiffure: Frisur
étoffer: Volumen geben

au niveau de: hier: hängt zusammen mit
vouloir dire: meinen
le collant: Strumpfhose

le cul (!): Arsch
collant en satin, mon cul(!): scheiß auf die Satinstrumpfhose
de nature: von Natur aus, angeboren
je suis grotesque de nature: sinngemäß: ich sehe eben grotesk aus
c'est tout!: Punkt, aus!, basta!
le tambourin: Tambourin; hier: Hut, der wie ein Tambourin aussieht

du tout: überhaupt nicht
rentrer les épaules: die Schultern einziehen
sortir le ventre: den Bauch rausstrecken
avoir l'air de: aussehen, als ob
enterrer: beerdigen

oui: hier: jawohl
je les emmerde (!): die können mich mal
j'en ai rien à foutre (!): hier: ich pfeife darauf
le salon: Wohnraum
les salons: Treffpunkt in einem Haus, in dem man regelmäßig einen bestimmten Kreis von Leuten einlädt (Künstler, bekannte Persönlichkeiten . . .). Bezeichnet auch die Leute, die sich dort treffen. Das ist der Ort, wo man brillant sein muß!

une fois de plus: wieder mal
fermer sa gueule (!): das Maul halten

il paraît: hier: es soll
Olivier Messiaen: französischer Komponist, 1908 geboren. Seine Musik ist von religiösen und mystischen Symbolen inspiriert. Daneben hat er als Ornithologe die Vogelgesänge in Noten umgeschrieben und diese Elemente in vielen seiner Kompositionen miteingebracht. Er ist immer auf der Suche nach neuen Tönen.
sublime: himmlisch

VIRAGE

Die Wende

ça y est: hier: es ist soweit
la dramatique: Drama, Theaterstück (für das Fernsehen)
accepté: angenommen, durch

tomber: fallen
tu tombes bien (!): du kommst im richtigen Augenblick
venir de: verbunden mit dem Infinitiv: gerade
la machine à laver: Waschmaschine
se battre: sich schlagen; hier: sich herumschlagen
la notice: Gebrauchsanweisung
très intéressé: hier: begeistert

foutu (!): hier: verdammt
la sélection de programmes: Programmwahl
habitué: gewohnt
toi qui est habituée: hier: du, die sich auskennt («toi qui» drückt die Betonung aus)
tourner: drehen; hier: Dreharbeiten

je veux juste: ich will nur
la serviette de toilette: Handtuch
smalls: hier: Unterwäsche
le prélavage: Vorwäsche
re-travailler: hier: überarbeiten
une petite chose: Kleinigkeit
on déjeune: sinngemäß: wir sind zum Mittagessen verabredet

l'essorage court: Kurzschleudern
tant pis: egal, macht nichts
se lancer: sich hineinwerfen
je me lance: hier: ich riskier's

vibrer: schütteln
autant: hier: so stark

ça fait plaisir de voir: das ist wirklich eine Freude zu sehen
à quel point: hier: wie sehr
gonflé: aufgeblasen
tu es gonflée (!): du bist schon unverschämt

pousser à: hier: ermutigen
prendre des rencarts (!): Termine ausmachen; hier: Kontakte herstellen
moite: feucht
la reconnaissance: Dankbarkeit
je suis moite de reconnaissance: sinngemäß: ich kann mich vor Dankbarkeit kaum retten

écoute: hier: hör mal
le gadget: Haushaltsgerät
le gadget ménager: neues, attraktives Haushaltsgerät
être absorbé: vertieft, versunken sein; hier: keine Zeit mehr haben
fabuleux: phantastisch

alors: hier: also
le scénar (!): Abkürzung für *scénario*: Drehbuch
Miou-Miou: sehr bekannte französische Schauspielerin
qu'est-ce que tu en dis?: hier: was hältst du davon?

quoi faire?: hier: was soll ich tun?
le détergent: Waschmittel
l'adoucissant: Weichspüler
la boîte à adoucissant: Kammer für Weichspüler

LE LANGAGE DES FLEURS

Laßt Blumen sprechen

le cul (!): Arsch
mon cul (!): hier: so ein Quatsch
avoir horreur de: hassen
avoir l'air con (!): bescheuert aussehen
se lever de bonne heure: früh aufstehen
pour avoir l'air plus con qu'avec une rose à la main, il faut se lever de bonne heure: sinngemäß: für mich gibt es kaum etwas Bekloppteres als jemand mit einer Rose in der Hand («il faut se lever de bonne heure» ist ein Ausdruck, den man benutzt, wenn man eine Sache als unmöglich bezeichnen will)

tu remarqueras: hier wird die Zukunftsform benutzt, um die Aussage zu verstärken
le mec (!): Typ
rigoureusement: hier: absolut
qu'est-ce que tu voulais que je dise?: was hätte ich denn sagen sollen?
détester: hier: verabscheuen

absolument: hier: exakt, durchaus
une simple analyse: hier: nur eine Feststellung
le comportement: Verhalten

tu comprends, nous on ne veut pas de rose mais d'autre part on ne veut pas avoir l'air d'être avec des rats... alors on refuse ostensiblement pour les dédouaner
si... écoute : "je ne veux pas de rose" Bon. Ça c'est la partie émergente de ton discours
Ça prouve à quel point on est encore dépendantes... à un niveau inconscient je veux dire
attends... je ne te suis pas...

avoir envie: hier: sich wünschen
se tromper: sich irren
que personne ne s'y trompe: damit hier kein falscher Eindruck entsteht

ça: hier besondere Betonung einer Sache

SOIR DE PARIS

Pariser Abend

la tour infernale: wörtlich: der höllische Turm. Der deutsche Titel des Films ist «Flammendes Inferno».

nul: viel benutztes Wort, das alles bezeichnen kann, was mittelmäßig oder uninteressant ist

sans prétention: nicht hochgestochen
le suspense: Spannung
infect: ungenießbar
le navet (!): wörtlich: weiße Rübe; hier: uninteressanter Film

bouder: schmollen
bouder son plaisir: sich um sein Vergnügen bringen
permettre: hier: gestatten

ça y est: hier: jetzt hab ich's
avoir le beau rôle: groß rauskommen
absolument pas: überhaupt nicht
le poncif: Klischee, Schablone
éculé: abgedroschen

eh bien: hier: dann
faire preuve de: hier: an den Tag legen
déprimant: deprimierend
la rigidité: hier: Intoleranz
le manque total d'imagination: völlige Phantasielosigkeit
tuer: töten
qui me tue: die mich fertigmacht
les bonnes femmes: abwertender Ausdruck für Frauen im allgemeinen, etwa: Weiber

pour ma part: meinerseits
l'inconvénient: Nachteil
je ne vois aucun inconvénient à ce que: ich hätte durchaus nichts dagegen einzuwenden, daß
la mémé: Oma; hier (!): ältere Frau
empoté: unbeholfen
le péplum: antikes Frauenkleidungsstück (bezeichnet auch einen in der Antike spielenden Film)
extrêmement: überaus (aber hier ironisch gemeint)

se changer les idées: auf andere Gedanken kommen, sich ablenken
s'engueuler (!): sich anschreien
une fois de plus: schon wieder
aussi bien: genausogut
la télé (!): Abkürzung für «télévision»

tiens: hier: Ausruf, mit dem man die Aufmerksamkeit des Gesprächspartners sucht
juste: hier: gerade
le connard (!): Mistkerl
piquer (!): wegschnappen, klauen
ça fait un moment: es ist schon lange her
ça fait un moment qu'on tourne: wir fahren schon eine Ewigkeit rum
se garer: parken
avoir l'intention de: vorhaben
y passer la nuit: hier: übernachten

c'est de ma faute: es ist meine Schuld
pourri: verdorben, verfault; hier: beschissen
tordu: verbogen; hier (!): verrückt
la bagnole (!): Wagen

L'IMAGE DU PÈRE

Vaterbild

être séparé: getrennt leben
haïr: hassen
oh ça: hier sinngemäß: was das angeht
je suis bien d'accord: ganz deiner Meinung

le gosse (!): Kind
la gueule (!): Maul, Fresse
en prendre plein la gueule (!): sinngemäß: ganz schön was mitmachen, reinkriegen

préserver: schützen, erhalten
à tout prix: um jeden Preis
excessivement: hier: äußerst

sordide: finster
le droit de visite: Besuchsrecht
de part et d'autre: auf beiden Seiten

le guéguerre (!): Kleinkrieg (von «guerre», Krieg – die Wiederholung der ersten Silbe ist eine Verniedlichungsform)
tu penses!: hier: und ob!

sauf: außer
le boulot (!): Arbeit
au niveau du boulot: sinngemäß: was die Arbeit betrifft
je ne m'en sors pas: sinngemäß: ich schaffe es nicht
justement: hier: gerade
le môme (!): Kind

je veux dire: ich meine
le fric (!): Geld

et voilà: sinngemäß: da haben wir's ja
retomber: zurückfallen, wieder verfallen
la mesquinerie: kleine Gemeinheiten

on s'en fout (!): es ist uns scheißegal

BRETECHER

L'HOMME AUX SEPT DOULEURS

Der Schmerzensmann

cuit: gekocht
je suis cuit (!): sinngemäß: es hat mich erwischt, das ist das Ende

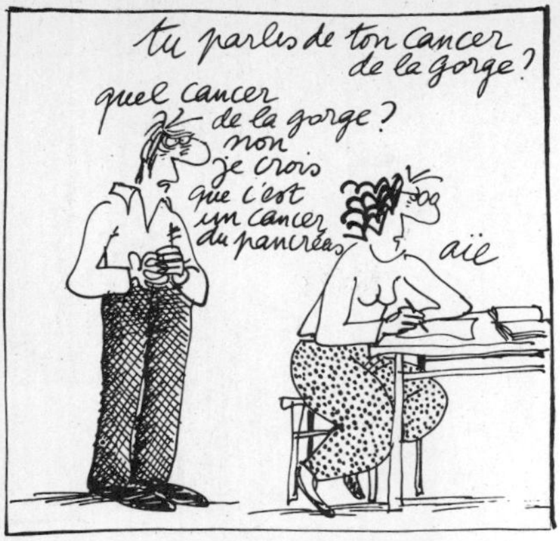

le cancer de la gorge: Kehlkopfkrebs
le pancréas: Bauchspeicheldrüse
aïe: Ausdruck des Schmerzes; hier: au weia

le pourcentage: Prozentzahl
la rémission: hier: Heilung
une crispation sourde: ein dumpfer Krampf
une douleur diffuse: ein diffuser Schmerz
les deux: beides
ça me lance: es sticht
respirer: atmen

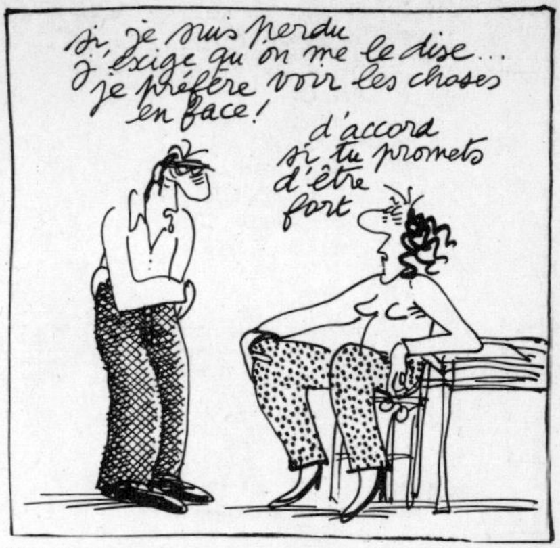

exiger: verlangen
voir les choses en face: der Wahrheit ins Gesicht sehen

faire en sorte que: dafür sorgen, daß
maintenir en vie: künstlich am Leben erhalten
le tube: hier: Schlauch
au besoin: notfalls
arracher: rausreißen
de mes propres mains: eigenhändig

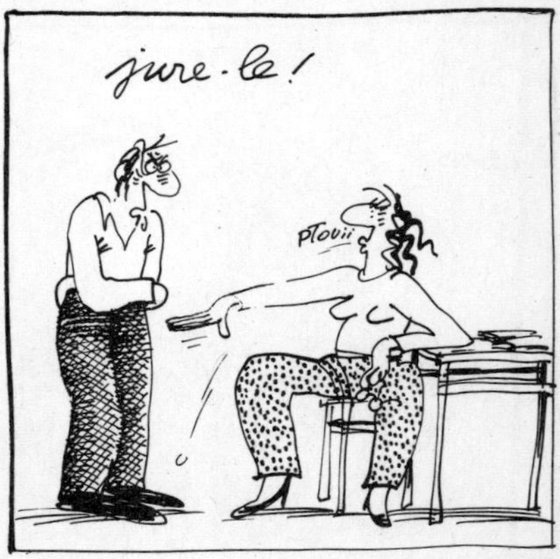

jure-le!: schwör es! In Frankreich wird unter Kindern beim Schwören die Hand ausgestreckt, und man spuckt auf den Boden.

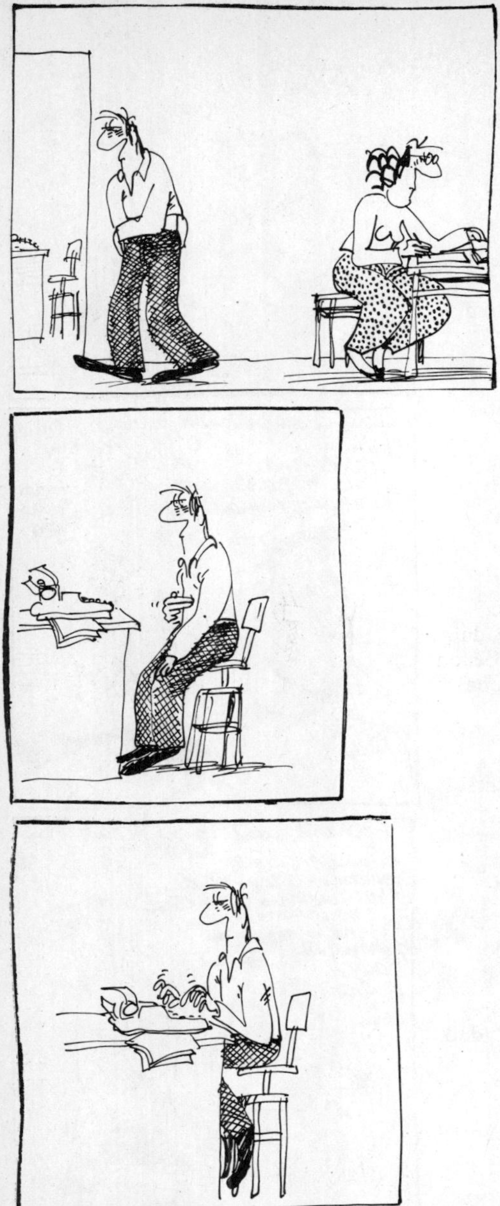
BRETECHER

MISE AU POINT

Klarstellung

qu'est-ce qui t'as pris?: sinngemäß: was ist in dich gefahren?
tenir des propos: sinngemäß: Bemerkungen machen
réac (!): Abkürzung für «réactionaire»
pas plus que d'habitude: nicht mehr als sonst

un merdier (!): Chaos, verfahrene Situation
pareil: hier: so ein
scier: (ab)sägen
être scié (!): sinngemäß: sprachlos

ça me ferait mal (!): wörtlich: es würde mir weh tun; sinngemäß: daß ich nicht lache
oire: schlimmer
excessivement: hier: äußerst
il était gêné: es war ihm peinlich
par rapport aux autres: vor den anderen

les gens de gauche: Linke
être de gauche: links sein
passer pour: gehalten werden für
le mec (!): Mann, Typ
j'aurais tout entendu: sinngemäß: was man nicht alles zu hören bekommt

le jules (!): der Freund einer Frau
la télé: Abkürzung für «télévision»
la fille de la télé(!): die Frau, die beim Fernsehen arbeitet
et alors: sinngemäß: na und?

et alors: hier sinngemäß: und wenn schon
il est notoirement facho: er ist allgemein als Rechter bekannt
le facho (!): Abkürzung für «fasciste»
prévenir: hier: warnen

féliciter: beglückwünschen (hier ironisch gemeint)
au moins: wenigstens
recevoir: empfangen; hier: einladen

trottiner: trippeln
comme ça: so
ça m'énerve: es macht mich nervös
cavaler: hier: schnell laufen, rennen
comme un malade: wie ein Irrer

en tout cas: auf jeden Fall
tu es mal placée: sinngemäß: ausgerechnet du!
ce genre de: hier: solche, diese Art von
ton antiféminisme primaire: dein primitiver Antifeminismus
justement: hier: eben

n'empêche que: immerhin
l'autre jour: neulich
se congratuler: sich gratulieren; hier: sich anfreunden
le Parisien libéré: rechte Pariser Tageszeitung
le veston: Jacke für Männer
les puces de Vanves: Flohmarkt in Paris

plus du tout: überhaupt nicht mehr
ouvrir sa gueule (!): das Maul aufmachen

t'y arriveras pas (!): das schaffst du doch nie (für «tu n'y arriveras pas»)

LE NOUVEL HOMME

Der neue Mann

la connerie (!): Blödsinn, Quatsch
la nana (!): Frau
les journaux de nanas: Frauenzeitschriften
nous y voilà: sinngemäß: da wären wir beim Thema

le macho: Chauvi
l'anti-macho: Softi
les valeurs viriles: männliche Werte
rejeter: zurückweisen, ablehnen
se flinguer (!): sich erschießen
bander (!): einen Steifen bekommen/haben
rien de nouveau là-dedans: nichts Neues
pardon: sinngemäß: Moment mal

la tentative: Versuch
sournois: hinterhältig
les hétéros dominants: herrschende Heteros
récupérer: wiedergewinnen, vereinnahmen; hier: das Abweichende wieder in das System integrieren
à leur profit: zu ihren Gunsten
voilà ce que c'est: so ist das

le schéma: hier: Modell
l'homo (!): Homosexueller (Abkürzung)
du même coup: gleichzeitig
crac: zack
la gouine: abwertende Bezeichnung für Lesbe
bête: dumm

le mec (!): Mann, Typ
remettre sur le marché: wieder auf den Markt bringen
ce serait pas un mal: sinngemäß: es wäre nicht schlecht
le nivellement à la normalité: die Rückkehr zur Normalität

jusqu'alors: bis jetzt
se démarquer: sich abgrenzen
l'ordre établi: die herrschende Ordnung

à ton avis: deiner Meinung nach
reconverti: bekehrt
raté: gescheitert, verpatzt
se marrer (!): lachen
il n'y a pas de quoi se marrer (!): da gibt's gar nichts zu lachen

s'escrimer (!): sich abmühen
obtenir: erreichen, erhalten
le droit à la différence: das Recht, anders zu sein
s'entendre dire: sich sagen lassen
à la fin: schließlich
pareil: gleich
ça me fait gerber (!): es ist zum Kotzen
refuser: hier: sich verweigern

tordu: verbogen; hier (!): verrückt
une folle (!): auffällige Schwuchtel, Tunte
je vous préviens: hier: ich sage es euch

le pédé (!): Schwuler
dans cet endroit: sinngemäß: hier

s'affoler: sich aufregen

MAMAN

Mutter

dis donc: hier: weißt du was
quand même: hier: doch
finir par: schließlich
qu'est-ce qui leur a pris?: was ist denn in die gefahren?

se retrouver: sich wiederfinden
piégé: in der Falle
tiens: hier: na
maso (!): Abkürzung für «masochiste»
ben (!): für «bien»
ben, et toi?: hier sinngemäß: und was ist mir dir?

c'est à dire que: hier: na ja, ich meine
chais pas (!): für «je ne sais pas»
les impôts: Steuer
te fatigue pas: wörtlich: gib dir keine Mühe; sinngemäß: das Lied kenne ich

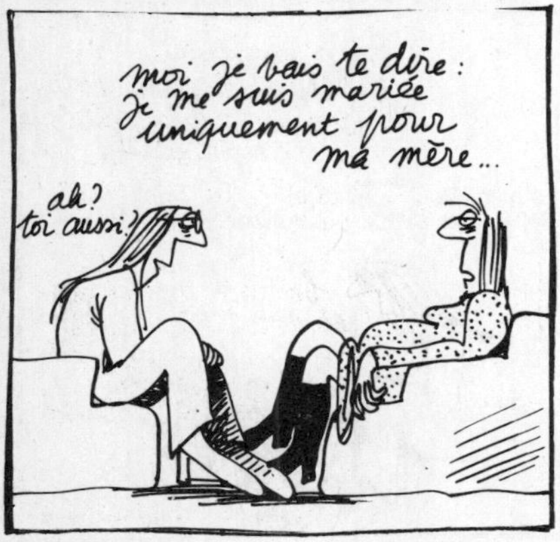

moi, je vais te dire: ich will dir was sagen
uniquement pour ma mère: bloß wegen meiner Mutter

supporter: ertragen
le concubinage notoire: wilde Ehe
le spasme: Krampf
ça lui donnait des spasmes: sinngemäß: es machte sie krank

comme de juste: sinngemäß: wie es sich gehört
le mariage civil: standesamtliche Eheschließung
elle aurait eu une crise: sie hätte einen Anfall gekriegt
la mienne en serait morte: sinngemäß: meine hätte es nicht überlebt

avoir droit à: ein Recht haben auf
on a eu droit à: sinngemäß: es gab sogar
impeccable: astrein
«Jésus que ma joie demeure»: «Jesus meine Freude»

c'est pas la peine: es lohnt nicht
se fâcher: sich verkrachen
pour si peu: wegen so einer Kleinigkeit
t'as bien raison: hier: ganz genau

le lardon: Speckwürfel
le lardon (!): Kind
faire baptiser: taufen lassen

sûrement pas: bestimmt nicht
rigoler (!): lachen
tu rigoles, non!: sinngemäß: du spinnst wohl!
estimer: schätzen
j'estime: hier: ich finde

maman va en être malade: Mama wird Zustände kriegen

Die Zahl der Eheschließungen ging in Frankreich seit den siebziger Jahren drastisch zurück (417000 im Jahre 1973, 290000 im Jahre 1984). 64 Prozent der Ehen wurden in der Kirche geschlossen (78 Prozent vor 20 Jahren). In jüngster Zeit tendiert die Zahl der Eheschließungen wieder nach oben.

L'HOMME À PRINCIPES

Ein Mann mit Prinzipien

il y a des moments où: manchmal
les ruines: hier: Überreste
pourrissant: verrottet
la civilisation: hier: Gesellschaft
en contradiction: im Widerspruch
sacré: heilig

refuser: hier: sich verweigern
pressurer: keltern; hier: auspressen

alors que: während
refuser: hier: verweigern
l'immigration: Einwanderung, Einreise
les gens de couleur: die Farbigen

se passer de: verzichten auf
désormais: von jetzt an
le coton: Baumwolle
la détérioration: Verschlechterung
les termes de l'échange: hier: Zahlungsbilanz

je hais l'idée: sinngemäß: ich hasse die Vorstellung

plus question de: sinngemäß: Schluß mit
le textile: Stoff
les trusts pétroliers: Ölmultis

entièrement: völlig, vollkommen
si tout le monde en faisait autant: wenn alle es so machen würden
les choses changeraient: alles würde sich ändern
attraper froid: sich erkälten

distiller: brennen (für Alkohol)
la Thalidomide: Schlaf- und Beruhigungsmittel, das bei Einnahme während der Schwangerschaft zu schweren Mißbildungen des Kindes führte (in Deutschland Contergan)
indemniser: entschädigen
à partir de: ab
assumer: einen Zustand bewußt mit allen Konsequenzen akzeptieren
un état de révolte: Protesthaltung
intégral: total

LA BOHÈME

Lebenskünstler

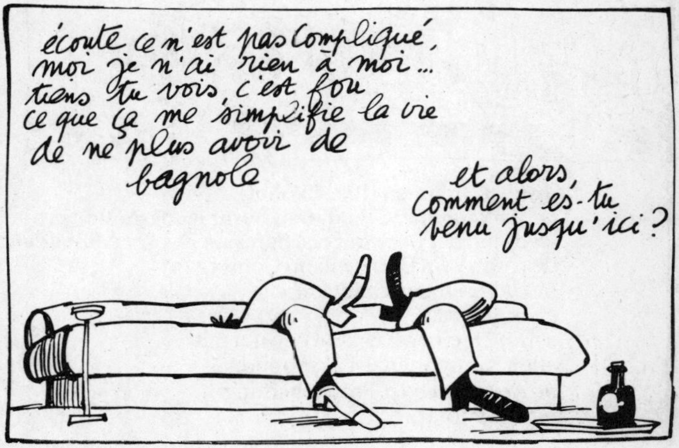

écoute: hier: also
je n'ai rien à moi: sinngemäß: ich besitze nichts
tiens, tu vois: sinngemäß: zum Beispiel, schau mal
c'est fou: hier: unglaublich
la bagnole (!): Auto
et alors: hier: dann

une voiture de fonction: Firmenwagen
la boîte (!): Firma
si ce n'était que moi: wenn es nach mir ginge
tu parles: hier: kannst du mir glauben
ah bon?: hier: so so!
200 m² avec vue sur la Seine: Der Quadratmeter kostet in einem guten Viertel mindestens 25 bis 30 Mark Miete, mit Blick auf die Seine ist es natürlich etwas teurer.

benbenben (!): für «bien», hier: aber Moment mal
l'immeuble: großes, mehrstöckiges Wohnhaus
ou quelque chose comme ça: oder so was ähnliches (Da er sich nicht für materielle Dinge interessiert, weiß er nicht, ob die Wohnung seiner Mutter oder jemand anderem gehört.)
je n'y mets pas souvent les pieds: sinngemäß: ich bin nur selten da
vivre au jour le jour: in den Tag hinein leben

regarde par exemple moi: ich zum Beispiel
eh bien: hier: also

les ronds (!): Geld
pas un rond de plus: keinen Centime mehr
rigoler (!): lachen
tu rigoles non?: sinngemäß: soll das ein Witz sein?
rien qu'avec le billet d'avion et l'hôtel: schon Flugkarte und Hotel allein

aux frais de: auf Kosten von
en tout et pour tout: alles in allem
j'en ai eu pour: es hat mich gekostet
foutre (!): machen

écoute: hier: hör mal
déplaisant: unangenehm
c'est un peu déplaisant: beschönigender Ausdruck – das Gesprächsthema ist ihm sehr unangenehm

RÊVONS C'EST L'HEURE

Zeit zum Träumen

le patron: Chef, Besitzer
l'entreprise: Unternehmen
Giscard: Valéry Giscard d'Estaing, von 1974 bis 1981 Staatspräsident, Mitglied der UDF (Union pour la Démocratie Française), einer Rechtspartei. In Frankreich wird der Staatspräsident direkt vom Volk gewählt.

dans la chaise: in der Stuhlbranche
on est de droite: man ist traditionell rechts

fondé: gegründet
1968: Im Mai 1968 revoltierten die Studenten gegen autoritäte Strukturen. Die Bewegung breitete sich aus, bis das ganze Land gelähmt wurde: gewalttätige Auseinandersetzungen mit der Polizei, Betriebsbesetzungen, öffentliche Demonstrationen und schließlich ein landesweiter Massenstreik, an dem sich etwa zehn Millionen Arbeitnehmer beteiligten.

décliner: zurückgehen
Als Symbol der autoritären Strukturen mußte der Stuhl dem Sitzkissen weichen.

le gauchiste: Linksradikale
ces prétendus intellectuels: diese Pseudo-Intellektuellen
s'asseoir correctement: gerade sitzen, wie es sich gehört
se vautrer: sich wälzen, sich herumflegeln
même par terre: sogar auf dem Boden
la tenue: Haltung, Benehmen

chu: Partizip Perfekt von «choir»: sinken, fallen
par rapport à: im Vergleich zu
prendre le pouvoir: die Macht ergreifen; hier: an die Macht kommen
foutu (!): am Ende

se tourner vers quelqu'un: sich jemandem zuwenden
Mitterrand: François Mitterrand, seit 1981 Staatspräsident, Mitglied der PS (Parti Socialiste).

la ceinture: Gürtel; hier: Bauchbinde
tribo-électrique: reibungselektrisch
à chaleur irradiante: wärmespendend

en effet: hier: es ist doch so
s'asseoir bas: tief sitzen
avoir du mal à: Schwierigkeiten haben mit
le rein: Niere
le tour de reins: Hexenschuß
progresser: Fortschritte machen; hier: sich besser verkaufen

les viscères: Eingeweide
viscéralement: sinngemäß: tief und unreflektiert, durch und durch
vous êtes petit, petit, petit: hier: Sie sind kleinkariert (die Wiederholung eines Adjektivs bedeutet «sehr»).

votre petit intérêt: Ihr kleines Eigeninteresse
le changement dans l'ouverture: wörtlich: der Wandel in der Öffnung. 1976 sprach der damalige Staatspräsident, Giscard d'Estaing, von «Wandel in der Kontinuität», als er Jacques Chirac im Amt des Premierministers durch Raymond Barre ersetzte.
salaud (!): Drecksau
le fumier: Mist
fumier (!): Mistkerl

l'enquête: Untersuchung; hier: Meinungsumfrage
l'IFRES: Anspielung auf SOFRES, bekanntes Meinungsforschungsinstitut.
Die Franzosen verfolgen mit leidenschaftlichem Interesse die Statistiken über ihre eigenen Stimmungen und die Popularitätskurven der Politiker.

LE SENS DE LA FÊTE

Sinn fürs Feiern

tu vois: guck mal
déprimant: deprimierend
le sens: Sinn
la fête: bedeutet nicht nur Fest und Feier, sondern auch jedes Zusammentreffen von Menschen, bei dem man sich amüsiert oder das einfach Spaß macht – ein Familienfest, ein gutes Essen mit Freunden oder ein Spektakel auf der Straße.

faire la fête: feiern, sich amüsieren, Spaß haben
le fric (!): Geld
tu te rends compte: hier: stell dir mal vor

en fait: hier: eigentlich
ludique: das Spiel betreffend (wird auch benutzt für die Freude am Spielen)
à moins que: es sei denn
lé déca (!): Abkürzung für «décaféiné»: koffeinfrei
plus aucun: gar keiner mehr
participer: hier: mitmachen

la santé: hier: Vitalität
la truculence: Urwüchsigkeit, Wildheit, Derbheit
la paillardise: fröhliche Ausschweifung, Unanständigkeit, Zotigkeit

trousser: Kleider raffen, aufkrempeln
ça se trousse: da greift man unter die Röcke, da geht man einander an die Wäsche
rigoler (!): lachen
ça y va: sinngemäß: da ist was los
malheureusement: leider

tu veux ma mort?: willst du mich umbringen?
voyons: hier: mal überlegen
Marie de Médicis: 1573 bis 1642, Frau von Henri IV. Sie förderte die Künstler, darunter Rubens, der eine Reihe von Bildern für ihr Palais du Luxembourg malte.
la bêtise: Dummheit, dummes Zeug
arrêtez-moi si je dis une bêtise: sinngemäß: unterbrecht mich, wenn ich was Falsches sage

le quartier: Viertel
vous êtes dans le quartier: ihr seid in der Nähe?
justement: hier: gerade
vouz montez jouer avec nous?: kommt ihr mal hoch, um mit uns zu spielen?

L'AMOUR DE L'ART

Die Liebe zur Kunst

la pointe: Spitze
un photographe de pointe: Top-Fotograf

eh bien: hier: nun
en deux mots: sinngemäß: kurz gesagt
mon propos: hier: Anliegen
immortaliser: unsterblich machen; hier: festhalten
l'instant: Augenblick
contester: in Frage stellen
l'approche: Vorgehensweise
bref: kurz
le signifiant (1): Signifikant
le signifié (2): Inhalt / Signifikat
Begriffe aus der Linguistik. Danach besteht das Zeichen aus der Verknüpfung von (1), der Form, mit (2), dem Sinn. Diese Unterscheidung wird inzwischen auch in anderen Bereichen der Kunst gemacht (zum Beispiel beim Film).
Wenn Sie diesen Satz trotz der Übersetzungshilfen immer noch nicht verstehen, machen Sie sich nichts daraus: Der Sprecher will nicht verstanden werden, sondern beeindrucken.

mmouiiii: sinngemäß: na ja
enfin: hier: also
accessoire: nebensächlich

bon mais: hier: schön, aber
faire faire: machen lassen
le tirage: Abzug
numéroter: numerieren
signer: signieren
détruire: vernichten

exposer: ausstellen

dans la mesure où: wo . . . doch
justement: hier: gerade
la reproduction: Vervielfältigung
illimité: unbegrenzt

retirer: zurücknehmen
obscène: obszön

c'est ça: hier: genau
la liasse: Bündel
par liasse: bündelweise
un photographe du commun: ein gewöhnlicher Fotograf

voir: hier: einsehen
n'importe quel: irgendein, jeder beliebige
un ringard: jemand, der nicht mehr auf dem laufenden ist
la banlieue: Vorstadt von Paris
un ringard de banlieue: sinngemäß: Schlafmütze
mes visions créatrices: meine schöpferischen Visionen
les haricots: Bohnen
pour des haricots (!): für einen Appel und ein Ei
le pognon (!): Geld
du pognon à foutre dans l'art (!): Geld für Kunst rausschmeißen

venir de + Infinitiv: gerade
acquérir: erwerben
en effet: hier: ja
le manoir: Herrensitz
la Dordogne: Gegend im Südwesten Frankreichs, bekannt für ihre schöne Landschaft und ihren üppigen Lebensstil
carossée en vélo: mit einer als Fahrrad aufgemachten Karosserie
l'essentiel: das Wesentliche
ma démarche: wie ich an die Dinge rangehe
l'individu: Individuum
s'exprimer: hier: sich kreativ ausdrücken

le rapport: Zusammenhang
moi non plus: ich auch nicht
celle-là, il faut toujours la placer: hier: diesen Satz muß man immer anbringen

bon: hier: so
c'est pas que je m'ennuie: nicht daß ich mich langweile
d'urgence: dringend

L'ÉGLISE DANS NOTRE TEMPS

Die Kirche in unserer Zeit

Monseigneur: Anrede eines hohen Geistlichen
l'Église connaît une période difficile: die Kirche durchläuft eine schwierige Zeit

face à: gegenüber, angesichts
la foi: Glaube
grave: hier: schwerwiegend
la recherche: hier: Suche
vrai: hier: ehrlich, authentisch

l'esprit: Geist
dans un esprit évangélique: im Geiste des Evangeliums
plus étroitement: hier: noch stärker

c'est une vaste question: das ist ein weites Feld
la parole: hier: das Wort Gottes
l'Église se doit: die Kirche ist verpflichtet
l'événement: Ereignis
fraternel: brüderlich

pratiqué: hier: betrieben
les gens d'Église: die Geistlichen
un cas de conscience: Gewissensfrage
l'immobilier: Immobilienhandel

apporter un effort de compréhension: sich um Verständnis bemühen
le divorce: Scheidung

douloureux: schmerzlich
la miséricorde de Dieu: Gottes Barmherzigkeit
infini: unendlich
différencier l'essentiel du secondaire: das Wesentliche vom Nebensächlichen unterscheiden

le célibat: Unverheiratetsein
le célibat des prêtres: Zölibat
la disponibilité sacramentelle: sakramentale Verfügbarkeit
la lumière doit être faite: das muß aufgeklärt werden; hier: wir müssen uns klarwerden
la vocation: Berufung

l'armement nucléaire: atomare Bewaffnung
il faut inscrire dans un esprit de paix: muß im Geiste des Friedens verstanden werden

l'avortement: Abtreibung
contre: dagegen

de toutes façons: auf jeden Fall
le colloque: Kolloquium
résoudre: lösen

d'avoir bien voulu: so freundlich gewesen zu sein
quant à: was ... betrifft

JE EST UN AUTRE

Ein anderes Ich

je est un autre: wörtlich: ich ist jemand anderes – Zitat aus einem Brief von Rimbaud an Paul Demery

ce qui me tue: sinngemäß: was mich fertigmacht
être coincé: eingeklemmt, eingeengt sein
je voudrais tellement en sortir: sinngemäß: ich möchte so gern aus meiner Haut heraus
l'angoisse: wird viel benutzt für irrationale Ängste oder ein Unbehagen wegen einer diffusen Bedrohung
quelle angoisse: hier: das ist schrecklich

quel effet ça fait: sinngemäß: wie fühlt man sich, wie ist das
tiens: hier: zum Beispiel
tu te rends pas compte: sinngemäß hier: du hast ja keine Ahnung

se supporter: sich leiden
j'ai envie que d'une chose: hier: ich sehne mich danach

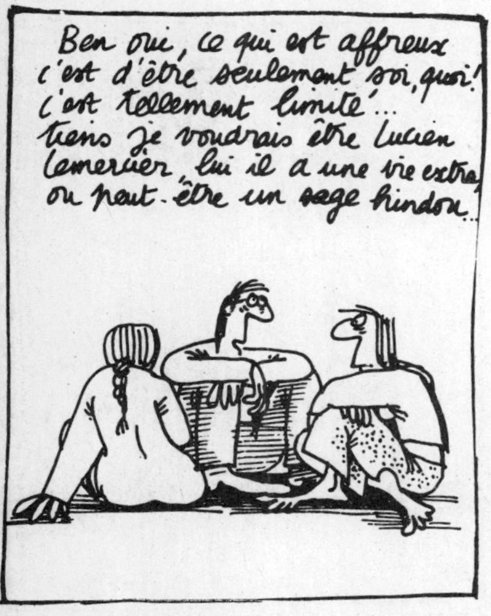

ben oui: für «bien oui»; hier: so ist es
quoi: hier: es ist doch wahr
seulement soi: nur man selbst
tiens: hier: zum Beispiel
extra: Abkürzung für «extraordinaire»: außergewöhnlich
un sage: ein Weiser
un sage hindou: ein indischer Guru

Gisèle Halimi: Rechtanwältin, ehemalige Abgeordnete der Nationalversammlung, ehemalige französische Botschafterin bei der UNESCO und Präsidentin der feministischen Zeitschrift «Choisir la cause des femmes» (die Sache der Frauen wählen). Sie wurde vor allem durch den Prozeß von Bobigny in den siebziger Jahren bekannt, als sie eine der Abtreibung angeklagte Frau verteidigte. Im Zusammenhang damit unterzeichneten viele bekannte und unbekannte Frauen ein Manifest, in dem sie sich der Abtreibung bezichtigten.
je me vois très bien en: ich kann mir gut vorstellen, ich wäre
la fermière: Bäuerin

ouais: für «oui»
remarque: hier: obwohl

tu aimerais être à la place de qui?: hier: mit wem möchtest du tauschen?

je suis bien: ich fühle mich wohl

ce que je voudrais être à ta place!
BRETÉCHER

L'homme qui parle quatre langues...

DIE AUTORINNEN

Claire Bretécher, geboren in «grauer Vorzeit», wie sie in maßloser Übertreibung sagt. Da sie bei den Ursulinerinnen viel zeichnete, wurde sie folgerichtig Zeichenlehrerin. Nach Tätigkeit für Kinderzeitungen tritt sie in die Redaktion von «Pilote» ein. 1974 wird sie Mitarbeiterin des «Nouvel Observateur». 1975 verlegt sie ihre erste Sammlung von Cartoons «Les Frustrés 1», der inzwischen viele weitere Bücher folgten. Längst hat sie auch bei uns ihre Bewunderer und Fans.
Im Rowohlt Verlag sind von Claire Bretécher erschienen: Die Frustrierten 1–5, Die eilige Heilige, Die Mütter, Monika, das Wunschkind, Frühlingserwachen, Doktor med. Bobo 1 und 2.

Isabelle Jue und **Nicole Zimmermann**, beide Französinnen, leben seit längerem in der Bundesrepublik. Nachdem sie jahrelang in verschiedenen Institutionen Französisch unterrichtet haben, veranstalten sie seit 1981 selbst Sprachkurse im Département Ardèche und in Frankfurt. Dabei verwenden sie eine Lehrmethode, die alle verbalen und nichtverbalen Ausdrucksformen umfaßt. Sie spricht den Teilnehmer auf der intellektuellen, emotionalen und körperlichen Ebene an. Durch eine entspannte Atmosphäre in der Lerngruppe werden Sprachhemmungen abgebaut und die Ausdrucksmöglichkeiten erhöht. Die Sprache wird innerhalb der Gruppe in Kommunikationssituationen erlebt, in denen jeder seine Autonomie im Französischen entwickeln kann.
(Nähere Informationen: Französisches Sprachatelier e. V., Martin-Luther-Straße 8. – 6000 Frankfurt 1)

rororo sprachen

Herausgegeben von Ludwig Moos

Gunther Bischoff
Speak you English?
Programmierte Übung zum Verlernen typisch deutscher Englischfehler (6857)
Managing Manager English
Gekonnt verhandeln lernen durch Üben an Fallstudien (7129)
Better times
Programm zum Gebrauch der englischen Zeiten (7987)

René Bosewitz/Robert Kleinschroth
Joke Your Way Through English Grammar
Wichtige Regeln zum Anlachen (8527)

René Bosewitz/Hartmut Breitkreuz
Do up your Phrasals
Fünfhundert Wendungen wichtiger Verben (8344)

Claire Bretécher/Isabelle Jue/Nicole Zimmermann
Le Français avec les Frustrés
Ein Comic-Sprachhelfer (8423)

Ahmed Haddedou
Questions Grammaticales de A à Z
Tout ce que vous avez toujours voulu savoir sur la grammaire sans jamais oser le demander (8445)

Hans-Georg Heuber/Marie-Thérèse Pignolo
Ne mâche pas tes mots
Nimm kein Blatt vor den Mund! Französische Redewendungen und ihre deutschen Pendants (7472)

SPRACHEN rororo

C 2199/6